빛공해

생태계 친구들이 위험해요!

와이즈만 환경과학 그림책은 우리 환경, 푸른 지구를 지켜 나가는 길을 함께 찾아가는 시리즈입니다.

와이즈만 환경과학 그림책❿
빛공해, 생태계 친구들이 위험해요!

초판 1쇄 발행 | 2015년 5월 6일
초판 5쇄 발행 | 2021년 6월 1일

강경아 글 | 김우선 그림 | 와이즈만 영재교육연구소 감수
발행처 | 와이즈만 BOOKs
발행인 | 염만숙
출판사업본부장 | 김현정
편집 | 박종주
디자인 | 박영미
마케팅 | 김혜원 김유진 김지수

출판등록 | 1998년 7월 23일 제1998-000170
제조국 | 대한민국
사용 연령 | 6세 이상
주소 | 서울특별시 서초구 남부순환로 2219 나노빌딩 5층
전화 | 마케팅 02-2033-8987 편집 02-2033-8928
팩스 | 02-3474-1411
전자우편 | books@askwhy.co.kr
홈페이지 | books.askwhy.co.kr

저작권자ⓒ 2015 강경아 김우선
이 책의 저작권은 강경아 김우선에게 있습니다.
저자와 출판사의 허락 없이 내용의 일부를 인용하거나 발췌하는 것을 금합니다.

잘못된 책은 구입처에서 바꿔드립니다.

*와이즈만 BOOKs는 (주)창의와탐구의 출판 브랜드입니다.

빛공해

강경아 글 | 김우선 그림
와이즈만 영재교육연구소 감수

생태계 친구들이 위험해요!

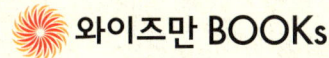
와이즈만 BOOKs

딸깍!
불을 끄고 누웠는데 도통 잠이 안 와.
길 건너 상가의 환한 불빛들이 천장과 벽에서 어룽거려.
일찍 자야 키가 쑥쑥 클 텐데 너무 밝아서 그런지
몸만 자꾸 이리 뒤척, 저리 뒤척.

그때 방바닥으로 반짝이는 뭔가가 툭 떨어졌어.

가만 보니 손톱만 한 까만 벌레야.

'어떻게 여길 들어왔지?'
벌레를 집어 창문 밖으로 내보려는데 꽁지에서 불이 반짝이는 거야.
그러면서 작고 희미한 소리가 들려왔어.
"나 좀 도와줘. 친구들한테 가야 하는데 길을 모르겠어."
"어어, 누구야?"
나는 화들짝 놀라 소리쳤어.
"혹시…… 네가 말 하는 거니?"
그럴 리가 없다고 생각하면서 나도 모르게 말이 툭 튀어나왔어.
그때였어. 벌레의 꽁지가 깜빡거리며 다시 소리가 들려왔어.
"나는 반딧불이야. 제발 친구들에게 데려다줘."
세상에나…… 내가 반딧불이와 대화하는 걸 보면 엄마가
어떤 표정을 지을까?
'그나저나 이대로 두면 죽을 것 같은데 어떡하지?'

나는 반딧불이를 두 손에 감싸 쥐고 조심조심 집을 나섰어.
반딧불이는 어둡고 깨끗한 습지에 산다고 책에서 본 기억이 났거든.
공원 안 습지에 얼른 데려다주고 오려고.

공원 입구까지 가는 길은 다행히 가로등이 환해서 무섭지 않았어.

"반딧불이야, 여기서부턴 혼자 갈 수 있지?"
내가 손을 벌리자, 반딧불이가 화들짝 놀라며 내 주머니 속으로 쏙 들어왔어.
"여기도 너무 밝아. 더 어두운 곳으로 데려다줘."
반딧불이가 애처롭게 말했어.

그때 광장 가로등을 향해 작은 벌레들이 까맣게 무리지어 날고 있었어.
"쟤들은 불빛을 좋아하잖아?"
내가 가로등 밑으로 몰려가는 벌레 무리를 가리키며 말했어.

"좋아해서가 아니야. 힘없이 불빛에 딸려 가는 거지."
반딧불이의 목소리가 바르르 떨리는 게 느껴졌어.
"밤에는 벌레들도 쉬어야 하는데, 저렇게 밝은 빛은 거부할 수가 없어.
가까이 갈수록 가로등이 뜨거워 타 죽게 되는데도 말이야."
"……."
나는 반딧불이를 달래려고 주머니를 살며시 감싸 쥐었어.

그러다 난데없는 매미 소리에 깜짝 놀랐어. 어? 이상하다. 매미는 낮에 우는데…….

"어휴, 힘들어. 땅 밑에서 올라온 지 얼마 안 돼서 지금이 밤인지 낮인지 모르겠군."

매미가 찌르륵 소리를 내며 투덜거렸어.

곤충들은 왜 빛을 따라갈까?

곤충들은 정말 불빛을 따라 움직일까?

곤충들이 많이 모이는 장소에 밝기를 다르게 한 형광등을 켜 보았어. 그랬더니 제일 밝은 형광등 주위로 바글바글 모여들었어.

헉! 정말이네.

사람들이 사용하는 등은 종류가 많지? 그럼 어떤 등에 곤충들이 모여들까?

태양광과 비슷한 파장을 보내는 형광등에 가장 많이 모여들고, 같은 밝기의 LED등에는 적게 모였어. LED등은 곤충들에게 피해가 적기도 하지만, 전기 에너지도 아낄 수 있는 등이야.

나는 천천히 공원 안쪽으로 발걸음을 옮겼어.

"어휴, 가로등이 뿜어내는 열 때문에 숨을 쉴 수가 있어야지. 벌써 잎이 말라 가는 것들도 있어 큰일이야."

고개를 들어 보니 가로등 불 가까이 있는 잎들이 누렇게 말라 있는 거야. 가로수가 마른 잎을 서걱대며 말을 이었어.

"그래도 난 나은 편이지. 저기 텃밭에 자라는 녀석들은 더 심각해."

가로수가 가리킨 쪽을 보니 자연 학습 체험장에 작은 식물들이 오종종 자라고 있었어.

나는 키가 작은 식물들한테 가깝게 다가갔어.
"난 시금치인데 잎이 몇 장밖에
안 자랐어. 저 불빛 때문에 맛도 없고 시들하다고!"
화단 앞쪽의 시금치가 툴툴거리며 말했어.
"시금치 말이 맞아! 빛공해* 때문에 우리가 피해를 보고 있다니까!"
시금치 옆에 있는 콩이랑 들깨도 한마디씩 거들었어.

*빛공해 : 인공조명이 너무 밝거나 지나치게 많아
밤에도 낮처럼 밝은 상태가 유지되는 현상.

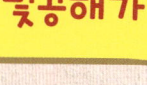

빛공해가 미워!

콩
빛공해가 싫어. 빛공해 때문에 열매도 거의 안 들었어. 키만 껑충 컸지 빈 깍지뿐이라니까.

들깨
그건 나도 마찬가지야. 잎만 무성하지, 고소한 들깨 알을 품지 못했어. 난 그냥 깻잎일 뿐이라고.

벼
난 이삭도 제대로 패지 못했어. 겨우 팬 이삭도 맛이 없어서 도무지 기운이 안 나.

지렁이와 달팽이
우린 가끔 밤에 땅 위로 산책을 나오는데 불빛 때문에 나가기가 싫어.

길가의 꽃들도 빛공해 때문에 피해가 많아.

나팔꽃
나는 가로등 아래에 살아서 다른 곳에 사는 나팔꽃보다 한 달 정도 늦게 피어.

코스모스
가로등 불빛 때문에 계절에 상관없이 피어. 그건 우리에게 좋은 게 아니야. 불빛에 시달리는 거라고.

도로변의 가로수
가로수로 심어진 우리 단풍나무들은 빛공해 때문에 단풍 드는 시기가 점점 늦어지고 있어. 게다가 수명도 짧아져.

작은 식물들의 아우성을 들으니 마음이
무거웠어.
하지만 반딧불이 때문에 얼른
길을 나서야 했어.
개울물 소리가 돌돌돌 들렸어.
그때 반딧불이가 희미하게
꽁지 불을 켰지.

"와, 좀 어두운 곳에 오니 네 꽁지 불이 밝다. 그렇지?"
"그럼! 옛날엔 우리 꽁지 불이 사람들한테 도움이 되었대.
하지만 지금은 우리보다 환한 게 넘쳐나."
반딧불이는 자랑스럽게 이야기하다가 이내 시무룩하게 말끝을 흐렸어.

생물 발광이 뭐지?

반딧불이 한 마리의 밝기는 약 3럭스* 정도야.

도서관 형광등 밝기가 평균 400럭스 정도래.

반딧불이 80마리를 모으면 쪽당 20자가 쓰여 있는 천자문을 읽을 수 있고, 200마리를 모으면 신문을 읽을 수 있대.

반딧불이를 그렇게 많이 모아 놓으면 뜨겁지 않느냐고?

우리 몸에서 생기는 빛은 열을 내지 않아.

그걸 '생물 발광'이라고 해. 만져 봐, 내가 뜨겁니?

***럭스(LUX)**: 빛의 밝기를 나타내는 단위로서, 수치가 높을수록 밝음.

내가 작은 개울 옆을 지날 때였어.

"개굴개굴, 잠을 못 자서 피곤하긴 한데 여긴 먹을 게 많아서 좋구나. 하늘에서 먹이가 막 떨어지네. 개굴개굴."

가로등 불빛 때문에 떨어지는 나방을 개구리가 호로록 낚아채며 좋아했어.

그러자 두꺼비가 뭘 모른다는 말투로 개구리에게 말했어.

"넌 밤이 사라져도 좋으냐? 깜깜해야 짝짓기를 할 수 있잖아. 바보 같긴."

그때 반딧불이가 주머니 속에서 작은 소리로 속삭였어.
"나도 개구리에게 잡아먹힐까 봐 무서워.
해듬아, 빨리 가자."
나는 서둘러 습지로 발길을 옮겼어.

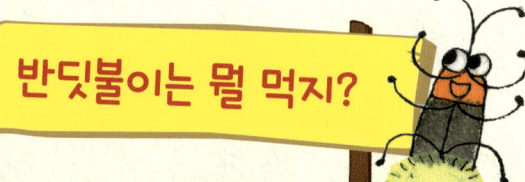

반딧불이야. 넌 뭘 먹고 사니?

알에서 깬 반딧불이 애벌레는 큰 턱을 가지고 있어.

그래서 달팽이, 지렁이 같은 다른 곤충의 애벌레의 속살을 파먹고 살아.

성충이 되면 15~20일 정도 사는데,

입이 퇴화*되어 그동안 잎에 맺힌 이슬을 먹거나 아예 먹지 않기도 해.

*퇴화 : 생물체의 기관이나 조직의 형태가 단순화되고 크기가 감소하는 변화.

개울에 사는 동물들도 불빛 때문에 힘든가 봐.
피라미 같은 작은 물고기들의 신음 소리도 들리는 것 같아.
생태계에는 낮에만 사냥하는 동물이 있고, 밤에만 사냥하는 동물이 있어.
그런데 불빛 때문에 밤낮없이 사냥하다 보면 먹잇감이 되는 동물들은 그 수가 빠르게 줄어들고 말 거야.
생태계가 무너지면 그 다음 단계에 있는 동물들은 어떻게 되는 거지?
모두 살 수 없게 되는 거잖아?

불빛이 싫어······.

생태계는 어떻게 살아가지?

호수에는 플랑크톤이 살아. 플랑크톤은 수중 생태계에서 가장 작은 먹이야.

* **생태계** : 어떤 지역에 사는 생물과 생물에게 영향을 미치는 환경 원인을 아우르는 단위.

식물성 플라크톤은 동물성 플랑크톤의 먹이가 되지.

동물성 플랑크톤은 하루 동안 수면 아래 위를 이동해.

낮에는 강한 햇빛을 피해 호수 아래로 갔다가

밤에는 수면 가까이 올라오지.

그런데 호수 주변의 가로등 때문에 식물성 플랑크톤을 먹으러 수면 위로 올라오지 못해. 그래서 식물성 플랑크톤이 너무 많이 늘어나.

결국 식물성 플랑크톤이 썩으면서 호수 전체를 오염시켜.

습지에 가까이 갈수록 어둑어둑해졌어.
많이 걸어서 다리가 점점 후들거리는 것 같아.
그때 흰뺨검둥오리가 나를 발견하고는 꽥꽥거렸어.
"사람이잖아? 왜 밤에도 돌아다니는 거야?"
자기들을 해치지 않을 걸 아는지 흰뺨검둥오리는 내게 하소연하듯이 말했어.
"깜짝 놀랐잖아. 안 그래도 요즘 밤이 낮처럼 너무 환하니 불안해서 잠도 못 자겠다고!"
흰뺨검둥오리는 불빛 때문에 새들이 얼마나 피해를 보는지 내게 알려 주었어.

작년 겨울, 여길 다녀간 기러기들도 사람들이 만든 불빛이 무섭다고 그랬어. 기러기들이 달빛, 별빛을 따라가다가 등대 불빛 때문에 방향을 잃고 기둥에 부딪혀 죽기도 했대.

빛공해는 끔찍해!

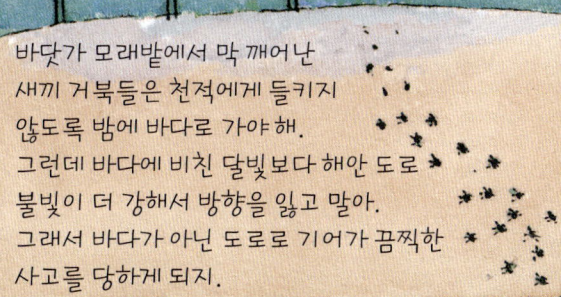

바닷가 모래밭에서 막 깨어난 새끼 거북들은 천적에게 들키지 않도록 밤에 바다로 가야 해. 그런데 바다에 비친 달빛보다 해안 도로 불빛이 더 강해서 방향을 잃고 말아. 그래서 바다가 아닌 도로로 기어가 끔찍한 사고를 당하게 되지.

거북

우리는 낮의 길이가 짧아지면 속도를 내서 이동해야 해. 그런데 등대나 철탑의 불빛, 원유 시추선*이 우리의 이동을 방해해. 이제는 이동하기가 너무 힘들어.

가창오리

우리는 수온이나 계절에 따라 사는 곳을 옮겨 다녀. 그런데 북태평양 어선들이 내뿜는 불빛 때문에 옴짝달싹하지 못하거나 불빛 근처로 몰려갔다가 큰 물고기에게 잡아먹혀.

연어

한겨울에는 알을 안 낳는데, 불빛 때문에 아무 때고 알을 낳게 됐어. 힘들어서 수명도 점점 짧아지고 있어.

찌르레기

우리는 어둠 속에서도 잘 보고 작은 소리도 엄청 잘 들어. 그런데 환한 불빛 때문에 먹잇감을 잡기가 힘들어. 우리 같은 새들은 뇌에서 직접 빛을 느끼기 때문에 빛에 아주 민감하거든.

올빼미

*시추선 : 바다 밑바닥에 구멍을 뚫어 석유를 찾는 데 쓰는 특수한 배.

도시 공원에 사는 새들도
가로등 같은 불빛을 무서워하고 있대.
우리가 공해 때문에 힘들어 하는 것처럼 말이야.
불빛이 새들한테도 공해가 되는 것 같아.
나도 얼마 전 텔레비전에서 국립공원과 유명 동굴을
소개하는 걸 보았어.
밤에도 사람들이 관광할 수 있도록 길을 내서 가로등을
밝혀 두었지 뭐야.
그때 불빛에 놀란 새와 고라니가 허둥지둥 달아나는 모습이 기억나.
동굴에 사는 박쥐들도 점점 살 곳을 잃어 가고 있어.

갑자기 흰뺨검둥오리가 꽥꽥거리다가 푸드덕 날아올랐어.
너구리가 쓰윽 지나가고 있었거든.
나도 너무 놀라 엉덩방아를 찧었어.
그런데 가만 보니 너구리는 한쪽 발을 절뚝이고 있었어.
"어머, 네 다리가 왜 그래?"
너구리는 아직도 상처가 많이 아픈지 고통스럽게 자신의 이야기를
들려주었어.
"도로를 건너다 차에 치었어. 깜깜한 밤이었는데, 갑자기 나타난
자동차 불빛 때문에 앞이 안 보여 피하지 못했거든.
다행히 치료를 받고 여기 오게 됐지만, 불빛 때문에 잠을 제대로
못 자겠어."
너구리의 눈빛이 우울하고 슬퍼 보였어.

곤충, 나무, 개구리, 새, 너구리도 모두 불빛이 싫다고 하네.
생각에 빠져 걷는 사이에 우리는 어느새 어두운 습지에 도착해 있었어.
저만치서 반짝이는 수많은 불빛들이 보였어.
"반딧불이야, 저기 봐. 혹시 네 친구들이 아닐까?"
그러자 반딧불이가 살며시 옷 밖으로 나왔어.
"내 친구들 맞아. 고마워."
반딧불이는 힘을 내어 무리가 있는 곳으로 날아갔어.
돌아온 친구를 반기는 듯 반딧불이들이 한꺼번에 꽁지 불을 반짝였어.
'우와, 멋지다!'
반딧불이와 헤어지는 게 아쉬워 나는 몇 번이나 되돌아보며
공원을 빠져나왔어.

별빛 같았던 반딧불이가 자꾸 눈에 아른거려 하늘을 올려다보았어.
밤인데도 하늘은 어스름한 불빛으로 뿌예.
"별도 잘 안 보이네. 시골에서 볼 때는 많았는데……"
이제 별을 보려면 천문대나 인적이 드문 시골로 가야 할 것 같아.

거리엔 여전히 불빛으로 환했어.
빌딩 네온사인, 광고탑, 다리, 심지어 가로수까지
아름답게 보이도록 작은 전구를 친친 두르고 있었지.
도로 바닥까지 기념물이 돋보이도록 불빛을 깔아 놓았지 뭐야.
나는 깜깜한 게 무섭고 싫어서 환한 불빛을 좋아했는데,
동물들의 한숨과 신음 소리를 그동안 몰랐던 거야.

나는 터벅터벅 집으로 돌아왔어.

창문 너머로 들어오는 불빛에 내 그림자가 껑충 커 보여.

내 키가 작은 것도 저 불빛 때문일까?

빛공해가 키를 작게 해!

사람들도 햇빛에 영향을 받아. 그래서 낮에 움직이고 밤엔 자야 해.

이걸 '서캐디안 리듬'이라고 하는데, 밤에 창밖으로 새어 들어오는 불빛은 이 리듬을 방해하지.

제대로 잠을 자지 못하면 기운이 없고 피로가 쌓이게 돼. 그래서 건강에도 문제가 생겨.

특히, 아이들은 잠이 중요해. 그래야 쑥쑥 자라고 건강해지거든.

깜깜한 밤하늘을 돌려주세요

나는 반딧불이가
날아온 하늘을 향해 외쳤어.
"깜깜한 밤을 돌려주세요!
반딧불이와 친구들이 함께 살 수 있는
하늘을 돌려주세요!"
가만, 공원에서 만났던 친구들의 외침이
들리는 것 같아.

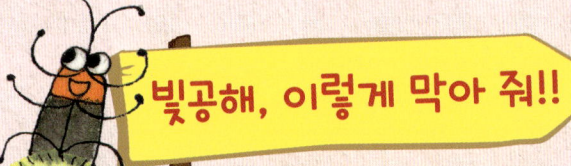

빛공해, 이렇게 막아 줘!!

동물들이 사는 곳에는 가로등 수를 줄여 줘.

불빛 방향을 농작물의 반대쪽으로 하거나 전등갓을 푹 씌워 줘.

철새들이 이동하는 때에는 철탑 조명 시간을 조절해서 켜 줘.

곤충들에게 피해를 주는 등 대신 피해가 적은 등으로 바꿔 줘.

키 크고 싶어요. 깜깜한 밤을 돌려주세요.

빛공해를 줄여 주세요!

부록 ❶

빛공해, 이대로 두어야 할까요?

산업화가 빨라지면서 공장의 폐수, 자동차의 매연과 소음, 각종 쓰레기 등이 생겨나 자연 환경이 오염되는 것을 '공해(公害)'라고 해요. 예전에는 그런 공해만 있는 줄 알았지요. 요즘에는 사람들이 설치한 야간 불빛까지 공해라고 보고 있답니다. 그래서 '빛공해'라는 말이 생겨났어요. 너무 많은 인공 빛 때문에 사람과 자연 환경 등에 피해를 주는 것을 말해요.

야간 불빛은 밤에도 일을 해야 하는 사람들과 우리 모두의 안전을 위해 꼭 필요해요. 하지만 너무 넘쳐나서 사람들뿐만 아니라 생태계 모두를 힘들게 하고 있어요. 그래서 전 세계에서 야간 조명을 줄이려는 운동이 번져 가고 있어요. 호주에서는 야간 조명 때문에 별을 잘 볼 수 없고 잠을 제대로 잘 수 없게 되자, 하루 한 시간

이라도 불을 끄자는 '다크 스카이'(dark sky, 어두운 하늘) 운동이 일어났어요. 너무 많은 야간 조명 때문에 에너지가 낭비되고 사람들도 피로해진다는 걸 알았거든요. 야간 조명을 줄여 보니 지구 온난화를 일으키는 이산화 탄소도 줄어들었어요. 그래서 지금은 적극적으로 실천하고 있다고 해요.

우리나라에서도 매달 22일을 '행복한 불끄기 날'로 정하고 있어요. 그래서 저녁 8시부터 9시까지 불필요한 등을 끄는 운동을 하고 있어요. 불빛이 화려해질수록 생태계는 힘을 잃어 가요. 생태계가 무너지면 사람들도 살 수 없어요 이제부터 생태계의 신음 소리에 귀 기울여 필요 없는 등부터 하나씩 꺼야만 해요. 어려운 일이 아니지요? 우리 모두 한번 시작해 볼까요?

부록 ❷

빛공해, 우리 주변에서 찾아보아요

- 필요하지 않은 곳까지 쏘여 피해를 주는 빛
- 순간적으로 앞이 안 보이게 만드는 강한 빛
- 한 장소에 너무 많은 조명을 사용해 혼란을 주는 빛
- 밤하늘을 향해 쏘인 빛이 대기의 수증기와 먼지 등에 의해 굴절되고 퍼지면서 밤하늘을 너무 밝게 하는 빛
- 강한 빛을 내뿜는 상업 시설의 조명
- 번쩍번쩍 움직이는 화면의 옥상 광고탑
- 큰 건물에 줄줄이 달린 오색 네온사인 간판

빛공해의 문제점은 무엇일까요?

- 사람에게는 불면증과 피로, 스트레스, 불안감을 주고 암 같은 큰병을 일으켜요.
- 식물이 쑥쑥 자라지 못하고 양서류와 포유류가 번식하지 못하게 방해해요.
- 조류를 서식지로부터 떠나게 해서 생태계를 망가뜨려요.
- 밤하늘이 밝아져서 천체 관측을 어렵게 하고 별을 볼 수 없어요.
- 에너지 낭비와 차량, 선박, 비행기의 전방 시야를 방해해 사고를 일으켜요.

빛공해를 줄이기 위해 우리가 할 수 있는 실천!

- 집에서 필요 없이 켜져 있는 불이 있나 살펴보아요.
- 한밤중에는 전등을 끄거나 그 수를 줄여요.
- '한 등 끄기'를 실천하자고 친구들에게 알려 줘요.
- 하루에 한 번, 불을 끄고 켤 때마다 생태계의 작은 동식물들을 생각해요.
- 농작물, 가축 등에게 빛을 오랫동안 비추지 않아요.
- 야생동식물이 사는 곳과 가까운 곳에 조명을 달지 않아요.
- 멀리 이동하는 새들을 위해 하늘로 불빛이 새지 않게 해요.
- 조명을 설치할 때 위치와 장소, 각도를 꼼꼼히 신경 써요.
- 생태계에 피해가 적으면서 에너지를 잘 낼 수 있는 고효율 제품을 써요.

글 작가의 말

빛공해로 피해를 보는
생태계 친구들을 기억해 주세요

 어렸을 적, 저는 아주 시골에서 자랐어요. 집집마다 전깃불이 들어오긴 했지만 뭐든 아껴 쓰는 어른들은 저녁을 먹으면 일찌감치 불을 꺼 버렸지요. 어쩔 수 없이 나는 이불 속에서 어른들이 나누는 이야기를 듣거나 담 너머로 들려오는 온갖 풀벌레 소리를 들으며 잠들곤 했답니다. 시골의 넓은 논밭, 개울과 숲에서 들려오는 벌레 소리가 참 유난했지요.

 이른 여름밤이었어요. 멀리 사는 삼촌에게 전화가 와 있다는 기별을 받고 할머니랑 이장님 댁으로 가는 도중 반딧불이를 만나게 되었어요. 그 시절엔 온 동네를 통틀어 마을 이장님 댁에 딱 한 대의 전화기가 있었는데요. 이장님 댁으로 가는 길은 논길을 지나 얕은 개울을 건너야 하는 먼 길이었어요.

 할머니는 잠들지 않고 꼼지락거리는 내게 손전등을 쥐어 주며 따라오게 했지요. 할머니를 바짝 쫓아 정신없이 따라가는데 개울 근처 여기저기에 마치 작은 알전구를 켜 놓은 거마냥 반짝반짝하는 게 보였어요. 어느 게 별빛이고 어느 것이 반딧불이인지 구분할 수 없을 정도였지요.

 밤이 주는 무서움도 잊은 채 나는 손에 들고 있던 손전등을 뱅글뱅글 돌려 가며 그 녀석들을 쫓았어요. 나름 신기하기도 하고, 반갑기도 한 첫인사였는데, 지금 생각해 보니 얼마나 놀랐을까요? 참 미안한 마음이 들었어요.

　그 뒤로 반딧불이를 본 적이 없는 거 같아요. 사람이 다니는 길 군데군데 전봇대가 들어섰거든요. 반딧불이를 만나게 되면 미안하다고 사과하고 싶었는데……. 이 글을 쓰려고 맘먹었을 때 그때 그 녀석이 떠올랐어요. 반딧불이 말이에요.

　그런데 길동 생태공원에서 2004년부터 인공사육으로 반딧불이를 길렀대요. 반딧불이가 살 수 있는 서식지를 만들고 2012년엔 5,000여 마리의 반딧불이를 볼 수 있게 했어요.

　반가운 마음에 달려갔는데 뜻밖에 빛공해에 대해 알게 되었어요. 사람들 편의와 안전, 밤 활동에 꼭 필요한 빛이지만 생태계에 사는 수많은 생명체에겐 독이 될 수 있다는 것을요. 그간 주변의 작은 생명들이 불빛 때문에 아우성을 치고 있었는데 몰랐던 거예요. 넘쳐 나는 빛에 묻혀 밤이 들려주는 소리들을 잊고 있었던 거예요.

　친구들, 전등 하나 끄기를 시작으로 불빛 피해를 보고 있는 생태계의 친구들을 기억해 주세요.

　나도 반딧불이를 기억하며 필요 없이 켜져 있는 등이 없나 살펴보고 끄기를 실천하고 있답니다.

강경아

그림 작가의 말

다시 만나고픈 반딧불이 램프

 이 책의 그림을 그리면서 반딧불이가 참 사랑스럽다고 느꼈어요. 그리고 어릴 적 보았던 반딧불이가 보고 싶어졌지요. 어릴 때 종이를 접어 전구처럼 모양을 내고, 그 속에 반딧불이 여럿을 집어넣었던 적이 있어요. 그러면 아주 환상적인 '반딧불이 램프'가 되었지요. 얼굴 위로 비추어서 재미있는 표정을 지어 보기도 하고, 책 위로 비추어서 작은 글씨도 읽어 보았답니다. 그럴 때마다 반딧불이 꽁지의 빛이 밝아졌다 사라졌다 했어요. 또 평상에 누워 밤하늘의 수많은 별들을 바라보곤 했어요. 그러면 별들이 내 얼굴 위로 금세 쏟아질 것 같았어요.

 요즈음 여러분에겐 보기 힘든 풍경이라 안타깝네요. 깜깜한 밤에 본 반딧불이 꽁지 빛과 쏟아질 듯한 별빛들을 내 집 앞에서 다시 볼 수 있다면 얼마나 좋을까 생각해 봅니다. 어릴 적 만난 반딧불이를 떠올리면서 손으로 만든 한지에 한국화 물감으로 채색을 하며 그려 갔어요. 펜 선을 그을 때 한지가 긁히지 않도록 조심조심했지요. 마치 반딧불이를 대하듯 말이에요.

 우리 주변은 화려한 인공조명으로 넘쳐나요. 편리함 때문에 인공조명을 사용하는 것이지만, 많이 동물들이 피해를 입는다고 하니 불을 켤 때 한 번 더 생각했으면 좋겠어요.

 우리의 친구들을 위해서요. 흰뺨검둥오리, 올챙이, 너구리, 가로수, 시금치, 반딧불이, 기러기, 박쥐……. 모두모두 사랑해요.

김우선

글 강경아

대학에서 정치학을 공부했고, 어린이책 작가교실에서 어린이 책 글쓰기를 배웠습니다. 더불어 사는 세상, 함께 사는 세상이 되길 꿈꾸며 글을 쓰고 있어요. 지은 책으로는 《1억 년 전 공룡오줌이 빗물로 내려요》《거북이를 맛있게 먹는 방법》《까불이 1학년》《음치 평숙이, 소리꾼 되다》 등이 있습니다.

그림 김우선

서울에서 태어나 홍익대학교 미술대학을 졸업하고, 한겨레신문사에서 카툰도 하며 30년 넘게 만화와 그림 그리는 일을 하고 있어요. 그린 책으로 《반갑다 논리야》《기운 센 발》《어린이 성경》《뜨고 지고》《지렁이 카로》《구슬치기로 시작한 세계지도여행》《이웃의 이웃에는 누가 살지?》 등 다수가 있고, 쓰고 그린 책으로 《엄마》가 있습니다.

감수 와이즈만 영재교육연구소

즐거움과 깨달음, 감동이 있는 교육 문화를 창조한다는 사명으로 우리나라의 수학, 과학 영재교육을 주도하면서 창의 영재수학과 창의 영재과학 교재 및 프로그램을 개발했습니다. 구성주의 이론에 입각한 교수학습 이론과 창의성 이론 및 선진 교육 이론 연구 등에도 전념하고 있습니다. 국내 최고의 사설 영재교육 기관인 와이즈만 영재교육에 교육 콘텐츠를 제공하고 교사 교육을 담당하고 있습니다. 이 책을 감수하신 분은 김지영 연구원입니다.